AF550047

COSTA DEL SOL

Weiße Dörfer, Rezepte und Meer

EDITIONS
SCHORTGEN

MIJAS
FUENGIR
MARBELLA
ESTEPONA

Costa del Sol

DIE SONNENKÜSTE

Das Flair Südspaniens

Entdecken Sie die sonnenverwöhnte Mittelmeerküste im Süden Spaniens. Faszinierende Berglandschaften der *Sierras*, breite Strände und kleine Buchten, bezaubernde weiße Dörfer, charmante Küstenorte und die pulsierende Hauptstadt Málaga. Die Costa del Sol reicht über 150 Kilometer von Estepona bis Nerja.

Lassen Sie sich von den weißen Gassen und verzierten Blumentöpfen Esteponas verzaubern, erleben Sie die verwinkelte Altstadt Marbellas oder die mondäne Welt rund um Puerto Banús. Schlendern Sie durch das historische Zentrum von Málaga und genießen Sie die spanische Küche in all ihren Varianten. Wandern Sie durch die Naturschutzgebiete der *Sierras* und entdecken Sie idyllische Bergdörfer wie Cómpeta und Frigiliana. Machen Sie einen Halt auf dem *Balcón de Europa* in Nerja, wo Ihnen das Mittelmeer zu Füßen liegt.

Die Costa del Sol zählt zu den beliebtesten Urlaubsregionen Spaniens. Das subtropische Klima, 320 Sonnentage pro Jahr, das kulturelle Erbe und die Geschichte der Region sowie die mediterrane Küche begeistern jeden.

Das Blau des Himmels und des Meeres, die weißen Gassen und getünchten Häuser haben eine magische Kraft und strahlen Wärme und Energie aus. Dieser einzigartige Bildband spiegelt all das wider. Die Mischung aus Impressionen und Rezepten ist ein Andenken an schöne Urlaubstage und für alle die das Flair der Costa del Sol lieben!

INHALT

Rezepte

Küstenstädte & Bergdörfer

Touristen pro Jahr aus der ganzen Welt

143 km

lang ist die Sonnenküste von Estepona bis Nerja

570.000

Einwohner hat die größte Stadt der Costa del Sol - Málaga

700.000

Kreuzfahrt-Touristen legen jedes Jahr in Málagas Hafen an

DIE SONNENKÜSTE

in Zahlen

37 Museen

bietet die Stadt der Museen - Málaga

60 Golfplätze

befinden sich in der Region

4.400.000

Besucher verzeichnet Puerto Banús in Marbella jährlich

300

Restaurants befinden sich im historischen Zentrum Málagas

320 Tage

im Jahr scheint die Sonne

ESTEPONA

80 Kilometer von Málaga entfernt befindet sich Estepona, der Garten der Costa del Sol. Ein historisches Zentrum voll weißer Gassen, bunt bemalter Blumentöpfe und blühender Grünflächen. Lassen Sie sich verzaubern vom bunten Flair des Ortes. Flanieren Sie über die *Plaza de las Flores*, genießen Sie die farbenprächtige Bepflanzung und das Plätschern des Brunnens - hier heißt es sehen und gesehen werden. Eine besondere Form der farbenfrohen Kunst bietet eine Attraktion Esteponas - das Museum unter freiem Himmel. Die Graffiti-Route, *La Ruta de Murales Artísticos*, liefert einen Rundgang durch die Stadt und zeigt über 40 Fassaden-Bilder bekannter Künstler. Die Skulptur-Route weist ihren Weg vorbei an 30 Skulpturen, und die Poesie-Route lässt Werke in verschiedenen Sprachen sprechen. Ein weiteres Highlight ist der *Parque Botánico Orquidario* - das größte Orchidarium Europas. Unter einer großen Glaskuppel befinden sich über 5000 Pflanzen aus allen fünf Kontinenten, darunter mehr als 1300 Orchideenarten. 12 Meter hohe vertikale Gärten auf 200 Quadratmetern und dazu verschiedene Wasserfälle vermitteln ein wunderbares botanisches Feeling. Nur ein paar Schritte vom historischen Zentrum entfernt gelangt man auf den drei Kilometer langen *Paseo Marítimo*, der ein beliebter Treffpunkt für Jung und Alt ist. Am westlichen Ende der Uferpromenade befindet sich der Fischerei- und Jachthafen. Ein schöner Ort um zwischen blau-weißen Fassaden zu schlendern und mit Blick auf die Boote in einem der Restaurants oder Cafés einzukehren. Unübersehbar ist auch der Leuchtturm *Faro de Punta Doncella*. Der Turm aus dem 19. Jahrhundert ist 21 Meter hoch und steht auf einem achteckigen Grundriss. Er ist immer noch aktiv und weist täglich mit Lichtsignalen Schiffen den Weg durch die Meerenge von Gibraltar nach Afrika.

Francisco Alarcón
2013
"Madre Amorosa"

Calle
Damas

FUNDACIÓN
ANTONIA GUERRERO

Calle
Rocío Jurado
Casa Orta

6ªBI-3-91-18

MARBELLA

Hier ist exklusiver Luxusurlaub angesagt! Der elegante Badeort sticht mit seinen vier Häfen, der sehenswerten Altstadt, den prachtvollen Villen und den noblen Restaurants und Hotelanlagen ganz besonders hervor. In den 50er Jahren kam der Glanz nach Marbella und brachte zahlreiche Prominente mit sich: Aristoteles Onassis, Audrey Hepburn, Brigitte Bardot und viele andere. In den 70er Jahren zog es auch den König von Saudi-Arabien nach Südspanien. Er ließ sich hier ein arabisches Königsschloss nebst Park und Moschee errichten. Doch auch ohne eigenes Schloss hat Marbella viel zu bieten, zum Beispiel eine kleine, aber feine Altstadt mit der *Plaza de los naranjos* oder der *Avenida del Mar* - der Flaniermeile zwischen Altstadt und Strandpromenade. Hier stehen zehn große surrealistische Bronzeskulpturen auf elegantem Marmorboden - Kultur im Stile Salvador Dalís in Marbella. Für einen Tag am Strand sollten Sie den *Playa Cabopino* erkunden, der mit seinem feinen Sand zu den besten der Küste zählt. Die imposanten Artola-Dünen wurden 2001 zum Naturdenkmal ernannt. Ob Luxus-Trubel oder ruhige Natur - Marbella ist eine Reise wert.

CARMEN

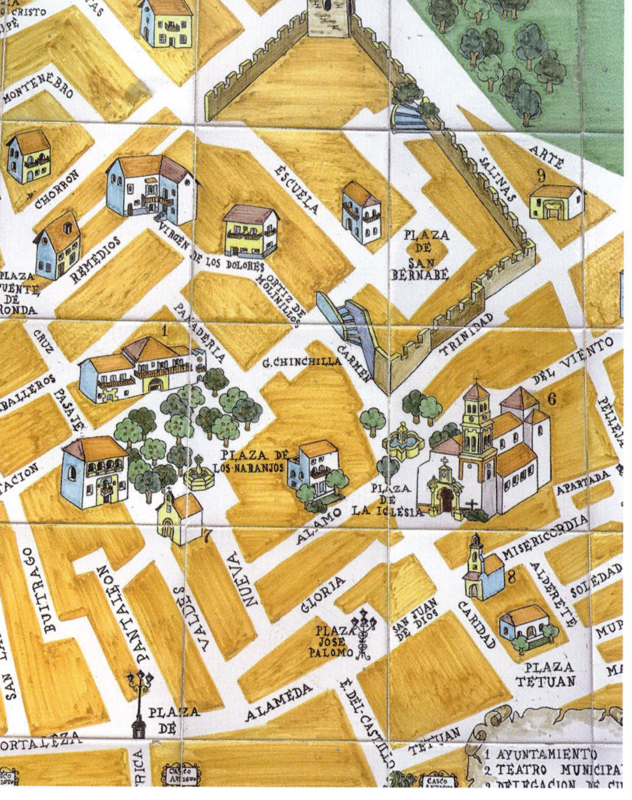
CRISTO
MONTENEBRO
CHORRON
REMEDIOS
VIRGEN DE LOS DOLORES
ESCUELA
SALINAS
ARTE
PLAZA DE SAN BERNABE
PLAZA PUENTE DE RONDA
PANADERIA
G. CHINCHILLA
CARMEN
TRINIDAD
DEL VIENTO
CRUZ
PASAJE
PLAZA DE LOS NARANJOS
PLAZA DE LA IGLESIA
ALAMO
MISERICORDIA
BUITRAGO
PANTALEON
VALDES
NUEVA
GLORIA
SAN JUAN DE DIOS
PLAZA JOSE PALOMO
CARIDAD
ALDERETE
SOLEDAD
PLAZA TETUAN
ALAMEDA
PLAZA DE
FORTALEZA
TETUAN
1 AYUNTAMIENTO

CAFE
FLORE
RESTAURANTE

Casa del
Guarda
Señoras
Mi Jardin
Cuidado con

MARBELLA
The Harbour
BAR & RESTAURANT

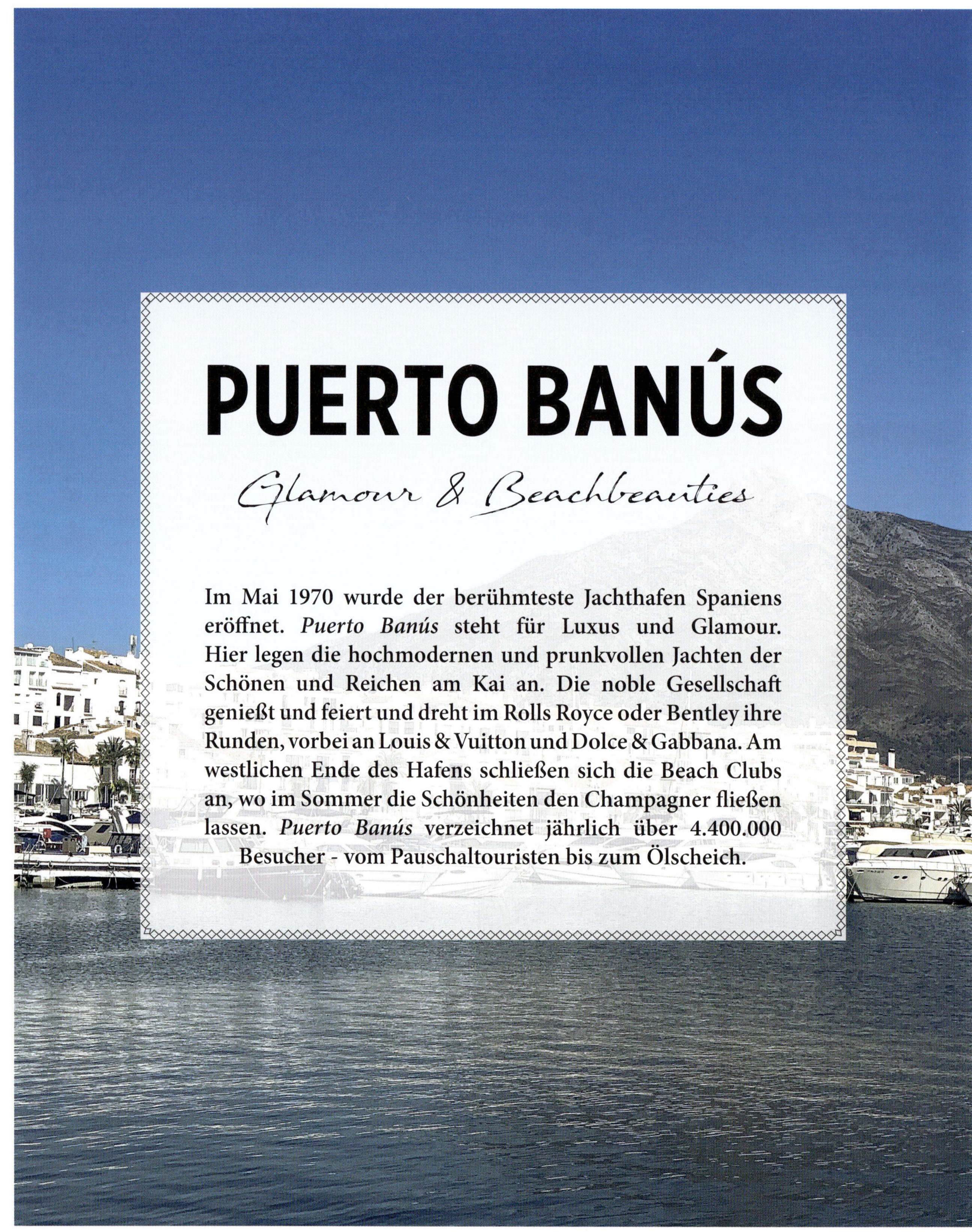

PUERTO BANÚS

Glamour & Beachbeauties

Im Mai 1970 wurde der berühmteste Jachthafen Spaniens eröffnet. *Puerto Banús* steht für Luxus und Glamour. Hier legen die hochmodernen und prunkvollen Jachten der Schönen und Reichen am Kai an. Die noble Gesellschaft genießt und feiert und dreht im Rolls Royce oder Bentley ihre Runden, vorbei an Louis & Vuitton und Dolce & Gabbana. Am westlichen Ende des Hafens schließen sich die Beach Clubs an, wo im Sommer die Schönheiten den Champagner fließen lassen. *Puerto Banús* verzeichnet jährlich über 4.400.000 Besucher - vom Pauschaltouristen bis zum Ölscheich.

PUERTO BANÚS
Like no other

PUERTO BANÚS

FUENGIROLA

Der Ort gehört flächenmäßig zu den kleinsten Gemeinden Spaniens, weist aber eine hohe Bevölkerungsdichte auf und zählt zu den beliebtesten Badeorten der Küste mit einer langen touristischen Tradition. Fuengirola ist bekannt dafür, die Kulturen der Antike zu erhalten. Das Wahrzeichen der Stadt ist das *Castillo de Sohail*, eine Burg aus dem Jahre 956. Sie wurde 38 Meter über dem Meeresspiegel auf einem Hügel, etwas außerhalb des Zentrums am Ende der Strandpromenade errichtet. Musikveranstaltungen, das Stadtfestival von Fuengirola und mittelalterliche Märkte werden oft hier veranstaltet. Vom *Castillo* aus genießt man eine wunderbare Aussicht auf die Flussmündung des *Rio Fuengirola*, die Küste und im Winter bei klarer Sicht auf die schneebedeckten Hügel der *Sierra Nevada*. Ein weiteres Highlight ist die modern gestaltete Fußgängerbrücke, die einen Teil der acht Kilometer langen Strandpromenade bildet. Die Promenade lädt zum Flanieren ein und bietet überall schöne Aussichten auf das Strandleben. Das Stadt- und Strandviertel *Los Boliches* vereint traditionelle Ecken mit moderner Infrastruktur. Wie wäre es mit einem BBQ am *Playa del Castillo*? Hier können Sie BBQ-Boote mieten und mit Blick auf die Burg am Strand grillen und feiern.

OLIVEN

Das grüne Gold

Im Sommer viel Sonne, im Herbst Regen, keine großen Temperaturunterschiede und nur wenige Tage unter der Null-Grad-Grenze - so haben es die Bäume am liebsten. Daher wundert es nicht, dass Spanien mit ca. 1,3 Millionen Tonnen Ernte pro Jahr der größte Olivenproduzent der Welt ist. Zur Olivenernte, von Oktober bis März finden Sie viele Spanier, die in den Hängen der Bergdörfer ernten und mit großen, gefüllten Körben zur nächsten Olivenpresse fahren. Der ideale Zeitpunkt, um frisches, würziges, naturtrübes Olivenöl zu verkosten. Eine feine Rarität! Ein Baum bringt übrigens einen Ertrag von ca. 20 Kilogramm Oliven pro Jahr, was ungefähr 3-4 Litern Öl entspricht. Und Spanien hat einen jährlichen Pro-Kopf-Verbrauch von 11,5 Litern. Eingelegte grüne Oliven gibt es natürlich an jeder Ecke zu einem Glas *Vino* oder zum Essen serviert.

REMASA

MIJAS PUEBLO

Das weiße Dorf der Esel-Taxis. Was in den 50er Jahren als Spaß begann, wurde zum Geschäft. Als die spanischen Arbeiter auf dem Rücken der Esel durch Mijas ritten, waren die Touristen so sehr davon fasziniert, dass sie sich gegen ein Trinkgeld selbst auf dem Esel fotografieren lassen wollten. So kommt es, dass jetzt über 60 *Burro-Taxis* täglich Touristen durch die verzauberten Gassen des *Pueblos* führen und zur Fotoattraktion des Dorfes geworden sind. Mijas-Pueblo liegt rund 25 Kilometer westlich von Málaga, ca. 425 Meter über dem Meeresspiegel. Das tiefe Grün der Pinienbäume säumt die Straßen zu den weiß gekalkten Häusern des Dorfes, die *Sierra* immer im Hintergrund. Hier reihen sich historische Bauwerke an schöne Parkanlagen und kuriose Museen. Unzählige Blumentöpfe schmücken die weißen Häuserfassaden, und ein atemberaubender Panoramablick versteckt sich hinter fast jedem Winkel. Tauchen Sie ein in die kleine Altstadt und lassen Sie sich durch die Gassen treiben. Der Aussichtspunkt *Mirador de la Virgen de la Peña* neben der Wallfahrtskirche, die vor ca. 300 Jahren zu Ehren der Schutzpatronin komplett in Stein gehauen wurde, bietet einen wunderschönen Blick auf die Küste. Vom Hotspot des Dorfes aus, dem Hauptplatz *Plaza Virgen de la Peña*, können Sie das Dorf per Pferdekutsche oder Esel-Taxi erkunden. Hier befinden sich viele Restaurants, Bars und Geschäfte. Die ovale Stierkampfarena befindet sich mitten im Ort und lässt sich bei einem Rundgang nicht verfehlen. Sie wurde 1990 errichtet und ist auch heute noch Austragungsort für Stierkämpfe. Der *Paseo de la Muralla* ist ein wunderschöner Fußgängerweg die Klippen entlang durch einen Park am Rande der Stadt. Machen Sie hier eine kleine Pause und genießen Sie die traumhafte Aussicht auf die Küste, die Berglandschaft und das Dorf.

El Café-Bar
Histórico de Mijas
La Bóveda
del Flamenco
MIJAS

Calle
Muros

TICKET
TAQUILLA
CONSTRUIDA
AÑO 1900
SOL

MIJAS
BURRO TAXI

PLAZA DE TOROS
ABIERTO
OPEN
OUVERT
VISITE

PIZZERIA
RESTAURANT
PIZZERIA

MIJAS
MIJAS

RESTAURANTE

TAPAS

Genuss & Lebensfreude

Die kleinen mediterranen Köstlichkeiten stehen für Genuss, Lebensfreude und Geselligkeit. Ursprünglich wurde ein *tapa* - Deckel - auf ein Weinglas gelegt, um die Fliegen abzuhalten und den Wein zu schützen. Im Laufe der Zeit wurden dann auf den Deckel noch Oliven und Serrano-Schinken gelegt und heutzutage sind die kleinen, vielfältigen Tapas aus der spanischen Küche nicht mehr wegzudenken. Ein paar saftige Oliven, frisch aufgeschnittener *Serrano*, aromatischer *Queso* und ein paar *Boquerones* - dazu eine Sangria oder ein *Copa Sherry* - Tapas Olé! Entdecken Sie eine Auswahl der Tapas, die die Sonnenküste zu bieten hat: von feurigen *Pimientos de Padrón* über *Pulpo a la gallega* bis hin zu Hühnerleber in Sherrysauce.

ANDO CUBEROS

Aloreñas
Nueva
de Málaga
a 1,50 € 1/4

Morcilla
Achorizada
Normal o Picante
2,49 € 1/4 kg.
Extra Virgin
olive oil
6,70 €

Alioli con leche

Alioli mit Milch

FÜR 2 PORTIONEN ❀ ZUBEREITUNG: 10 MINUTEN

80 ml kalte Milch

½ Knoblauchzehe
(nach Wunsch mehr)

3 TL Zitronensaft

180 ml mildes Olivenöl oder geschmacksneutrales Pflanzenöl

Salz und Pfeffer

- Milch, Knoblauchzehe, eine Prise Salz und Zitronensaft in einen Mixer geben und gut aufschäumen.
- Dann tröpfchenweise das Öl hinzufügen und weiter im Mixer aufschlagen, bis die Sauce emulgiert und cremig wird.
- Zum Schluss nochmal nach Wunsch mit Pfeffer, Salz und Zitronensaft abschmecken.
- Alioli ist in einem verschlossenen Behältnis im Kühlschrank 1 Woche haltbar.

Pipirrana o Salpicón de marisco

Sommersalat mit Meeresfrüchten

FÜR 2 PORTIONEN ❀ ZUBEREITUNG: 15 MINUTEN

1 rote Paprika
1 grüne Paprika
½ Gemüsezwiebel
¼ Salatgurke
1 feste Tomate
10 Garnelen, vorgekocht
150 g Krake, vorgekocht
3 EL Ölivenöl
2 EL Weißwein-Essig
Salz

• Paprika, Zwiebel, Gurke und Tomate in kleine Würfel schneiden. Die Garnelen schälen und je nach Größe in Stücke schneiden. Die Krake ebenfalls in mundgerechte Stücke schneiden.

• Gemüse und Meeresfrüchte in eine Schüssel geben, mit einer Prise Salz würzen, mit Olivenöl beträufeln und vermengen. Dann mit dem Essig vermengen und den frischen Salat sofort servieren.

TIPP

Zusätzlich kann man auch noch Miesmuscheln und Surimi hinzufügen.

Pimientos de Padrón

Gebratene Paprikaschoten

FÜR 4 PORTIONEN ❀ ZUBEREITUNG: 10 MINUTEN

200 g Padrón-Paprika
Olivenöl zum Braten
etwas Fleur de Sel
Zitrone

• Öl in einer Pfanne erhitzen und die Paprikaschoten einige Minuten rundherum bei hoher Temperatur anbraten, bis sie gut Farbe angenommen haben und braun werden.

• Dann die Temperatur reduzieren und fertig braten bis die Schoten in sich zusammenfallen.

• Die fertigen Pimientos de Padrón mit Fleur de Sel bestreuen und mit Zitronensaft beträufeln.

Patatas a lo pobre con pimientos

Arme-Leute-Kartoffeln mit Paprika

FÜR 4 PORTIONEN ❀ ZUBEREITUNG: 15 MINUTEN ❀ BACKEN: 35 MINUTEN

1 kg festkochende Kartoffeln
2 Zwiebeln
1 rote Paprika
1 grüne Paprika
6 Knoblauchzehen
6 Lorbeerblätter
2 Zweige Rosmarin
2 Zweige Thymian
200 ml Olivenöl
Salz und Pfeffer

• Den Ofen auf 200 °C vorheizen. Einen Topf mit Salzwasser erhitzen.

• Die Kartoffeln schälen, in 5 mm dicke Scheiben schneiden und im Salzwasser 3 Minuten kochen. Dann gut abtropfen lassen.

• Die Zwiebeln halbieren und in dünne Streifen schneiden. Die Paprika in 1 cm dünne Streifen schneiden. Knoblauch schälen.

• Kartoffeln, Zwiebeln, Paprika, Knoblauch und Kräuter auf ein Blech geben.

• Mit 2 TL Salz und viel Pfeffer würzen und das Olivenöl darüber verteilen. Alles gut vermischen.

• Im Ofen 35 Minuten backen, dabei ab und zu die Kartoffeln wenden. Die Kartoffeln heiß servieren.

Manchego frito

Frittierter Manchego

FÜR 6 PORTIONEN ❁ ZUBEREITUNG: 15 MINUTEN

200 g Manchego
1 Ei
1 TL Wasser
3 EL Mehl
90 g Semmelbrösel
Öl zum Frittieren
Pfeffer

- Den Manchego in 1 cm dicke Dreiecke schneiden.
- Das Ei aufschlagen, in einer Schüssel mit dem Wasser verquirlen und mit Pfeffer würzen.
- Jeweils Mehl und Semmelbrösel in eine Schüssel geben.
- Den Käse zuerst im Mehl, dann im Ei wenden und zum Schluss rundherum gut mit Semmelbrösel umhüllen.
- Ca. 2 cm Öl in einer Pfanne erhitzen und den panierten Manchego rundherum goldbraun frittieren. Auf Küchenpapier abtropfen lassen und heiß servieren.

TIPP

Manchego ist der berühmteste Käse Spaniens. Er wird in unterschiedlichen Reifegraden angeboten und ist je nach Alter geschmacklich sehr unterschiedlich. Man unterscheidet zwischen vier Altersstufen: *Fresco*, der milde frische Käse reift zwei Wochen. *Semicurado* ist halbfest und reift zwischen drei Wochen und drei Monaten. *Curado* ist ebenfalls halbfest und reift zwischen drei und sechs Monaten. *Viejo* reift mindestens ein Jahr. Je länger ein Manchego reift, umso schärfer und intensiver ist der Geschmack.

Pulpo a la gallega

Krake auf galizische Art

FÜR 4 PORTIONEN ❁ ZUBEREITUNG: 20 MINUTEN

4 Kartoffeln
300 g Krake, vorgekocht
Olivenöl
Paprikapulver zum Bestreuen
Fleur de Sel zum Bestreuen

- Den Ofen auf 150 °C vorheizen. Einen Topf mit Salzwasser erhitzen.

- Die Kartoffeln schälen, in 1 cm dicke Scheiben schneiden und im Salzwasser ein paar Minuten kochen. Sie sollten gar sein, aber nicht zerfallen. Die Kartoffeln abgießen und die Scheiben einzeln auf einem Teller auslegen.

- Die Krake in mundgerechte Scheiben schneiden und auf die Kartoffelscheiben legen.

- Den Teller mit Kartoffeln und Krake für ca. 5 Minuten in den warmen Ofen stellen, damit die Krake etwas durchwärmt.

- Den Teller aus dem Ofen nehmen, großzügig mit Olivenöl beträufeln, mit Paprikapulver und Fleur de Sel bestreuen und sofort lauwarm servieren.

MANDELN

Wunderschön & Aromatisch

Sobald die kalte Jahreszeit vorbei ist, zeigt sich als erster Frühlingsbote im Januar und Februar die Mandelblüte. Die Berghänge und weiten Landschaften sind vom rosa-weißen Blütenmeer vollkommen bedeckt. Nach der Blütezeit bilden sich am Baum grüne Früchte, die sich später schwarz färben. Ab August muss dann nur noch die harte Schale geknackt werden um an den schmackhaften und gesunden Mandelkern zu kommen. Das ganze Jahr über bekommen Sie bei Straßenhändlern kleine Tütchen mit leckeren Salzmandeln zu kaufen - der ideale Snack zu einem Gläschen Sherry. Mandeln dürfen auch in der spanischen Küche nicht fehlen: Hackfleischbällchen mit Mandelsauce und Mandel-Zitronen-Kuchen schmecken unter dem blauen Himmel einfach köstlich.

Albóndigas en salsa de almendras

Hackfleischbällchen in Mandelsauce

FÜR 4 PORTIONEN ❁ ZUBEREITUNG: 1 STUNDE

Hackfleischbällchen:

2 Knoblauchzehen
1 Zwiebel
600 g gemischtes Hackfleisch
1 Ei
70 g Semmelbrösel
eine Prise Muskatnuss
Olivenöl zum Braten

Mandelsauce:

1 Zwiebel
2 Knoblauchzehen
Olivenöl zum Braten
250 ml Weißwein
500 ml Geflügelbrühe
50 g gemahlene Mandeln
25 g Semmelbrösel

Salz und Pfeffer

Hackfleischbällchen:

- Knoblauch und Zwiebel fein hacken und in eine große Schüssel geben.
- Hackfleisch, Ei und Semmelbrösel hinzufügen und alles gut vermischen. Mit Salz, Pfeffer und Muskatnuss würzen.
- Walnussgroße Fleischbällchen formen und in Olivenöl rundherum braun anbraten, aber nicht durchbraten.

Mandelsauce:

- Zwiebel und Knoblauch ganz fein hacken. Olivenöl in einem großen Topf erhitzen, Zwiebeln und Knoblauch braten, bis sie weich sind.
- Weißwein hinzufügen und auf mittlerer Hitze 5 Minuten einkochen lassen, dann die Brühe hinzufügen.
- Mandeln und Semmelbrösel hinzufügen und alles mit Salz und Pfeffer abschmecken.
- Die Hackfleischbällchen in die Sauce geben und auf kleiner Flamme 20 Minuten köcheln lassen, bis das Fleisch gar ist. Dabei ab und zu vorsichtig umrühren.

Rabo de Toro

Geschmorter Ochsenschwanz

FÜR 6 PORTIONEN ❁ ZUBEREITUNG: 30 MINUTEN ❁ GAREN: 4 STUNDEN

1 Karotte
1 Stange Sellerie
1 Stange Lauch
5 EL Olivenöl
1-1,5 kg Ochsenschwanz in Stücken
3 EL Tomatenmark
1 EL Mehl
200 ml Rotwein
50 ml Wasser
1 Lorbeerblatt
Salz und Pfeffer

• Karotte schälen und mit Sellerie und Lauch klein würfeln.

• 4 EL Öl in einem großen Topf erhitzen und den Ochsenschwanz rundherum anbraten, herausnehmen und beiseite stellen.

• 1 EL Öl in den Topf geben und das Gemüse andünsten. Tomatenmark und Mehl hinzufügen, vermischen und dünsten. Mit Rotwein und 50 ml Wasser ablöschen und aufkochen lassen. Mit Salz und Pfeffer würzen und das Lorbeerblatt hinzufügen.

• Den Ochsenschwanz wieder in den Topf geben und alles knapp mit Wasser bedecken.

• Den Topf mit einem Deckel abdecken und ca. 4 Stunden sanft köcheln lassen, bis sich das Fleisch leicht vom Knochen lösen lässt.

• Zwischendurch, nach Bedarf, nochmal Wasser hinzufügen.

• Den Rabo de Toro mit selbstgemachten Pommes Frites servieren.

Gambas Pil Pil

Garnelen in Chili-Knoblauch-Öl

FÜR 1 PORTION ❁ ZUBEREITUNG: 10 MINUTEN

10 TK-Garnelen, geschält
3 Knoblauchzehen
75 ml Olivenöl
2 kleine getrocknete Chilischoten
1 Prise Paprikapulver, edelsüß
1 Prise Salz
etwas Petersilie zum Dekorieren

• Die Garnelen auftauen und trocken tupfen.

• Den Knoblauch schälen und in dünne Scheiben schneiden.

• Das Öl in eine Tonschale oder Pfanne geben, sodass der Boden gut bedeckt ist. Knoblauch, Chili, Paprikapulver und Salz hinzufügen und das Öl bei hoher Temperatur erhitzen.

• Sobald das Öl heiß ist, die Temperatur etwas reduzieren, die Garnelen hinzufügen und ein paar Minuten garen, bis die Garnelen rosa sind.

• Die Petersilie fein hacken und die Garnelen damit bestreuen. Die heißen Gambas Pil Pil mit Baguette servieren.

TIPP

Falls es schneller gehen soll, können Sie auch die Pil-Pil-Gewürzmischung verwenden, die Sie in Spanien auf jedem Straßenmarkt finden. Darin enthalten sind Knoblauch, Paprikapulver, Chili, Salz und Petersilie.

Patatas bravas

Kartoffeln mit feuriger Tomatensauce

FÜR 4 PORTIONEN ❁ ZUBEREITUNG: 25 MINUTEN

Kartoffeln:

6 Kartoffeln

Olivenöl zum Braten

Tomatensauce:

1 Zwiebel

2 Knoblauchzehen

Olivenöl zum Braten

1 TL geräuchertes Paprikapulver (Pimentón de la Vera picante)

2 TL scharfes Paprikapulver

400 g passierte Tomaten

5-6 Safranfäden

etwas Zucker, nach Wunsch

einen Schuss Sherry-Essig

Salz

Kartoffeln:

- Die Kartoffeln schälen und in 1-2 cm große Würfel schneiden. In reichlich Olivenöl braten oder frittieren und auf Küchenpapier abtropfen lassen.

Tomatensauce:

- Zwiebel und Knoblauch schälen und fein hacken. Olivenöl in einem Topf erhitzen und beides glasig braten.

- Paprikapulver hinzufügen und vermischen. Tomaten hinzufügen und umrühren. Safran hinzufügen und die Sauce kurz aufkochen. Nach Wunsch mit Salz und Zucker würzen und mit Sherry-Essig abschmecken.

- Die Sauce pürieren und zu den gebratenen Kartoffeln servieren.

Habas con jamón

Dicke Bohnen mit Serrano-Schinken

FÜR 4 PORTIONEN ❀ ZUBEREITUNG: 10 MINUTEN

1 Zwiebel
Olivenöl zum Braten
400 g TK-Dicke Bohnen
200 g Serrano-Schinken-Würfel
Pfeffer

- Die Zwiebel schälen und fein hacken.
- Olivenöl in einer Pfanne erhitzen und die Zwiebeln glasig dünsten.
- Die Bohnen hinzufügen, vermengen und dünsten bis sie gar sind.
- Sobald die Bohnen gar sind, den Schinken hinzufügen und vermischen.
- Mit Pfeffer abschmecken und servieren.

Empanadillas de atún

Teigtaschen mit Thunfisch

FÜR CA. 16 STÜCK ❀ ZUBEREITUNG: 30 MINUTEN ❀ BACKEN: 15 MINUTEN

2 Eier
½ Zwiebel
Olivenöl zum Braten
150 g TK-Spinat
100 g passierte Tomaten
140 g Thunfisch, in Öl eingelegt
280 g Empanada-Teig
oder Blätterteig
Salz und Pfeffer

- Den Ofen auf 200 °C vorheizen.
- 1 Ei hart kochen, schälen und fein hacken
- Die Zwiebel fein hacken und in Olivenöl glasig dünsten.
- Den Spinat hinzufügen und garen. Sobald der Spinat fertig ist, die Temperatur ausschalten, die Tomaten hinzufügen und gut vermengen.
- Den Thunfisch hinzufügen und gut vermengen. Das fein gehackte Ei ebenfalls hinzufügen und vermengen. Mit Salz und Pfeffer abschmecken.
- Den Empanada-Teig kreisrund mit einem Durchmesser von ca. 12 cm ausstechen.
- Jeweils 1 TL Füllung in die Mitte der unteren Hälfte geben. Die Teigtaschen zusammenfalten und den Rand wellenförmig umschlagen.
- Das zweite Ei verquirlen, die fertigen Empanadillas damit bepinseln und im Ofen 10-15 Minuten goldbraun backen.

Migas con chorizo

Knoblauchbrotkrümel mit Chorizo

FÜR 4 PORTIONEN ❁ ZUBEREITUNG: 10 MINUTEN

200 g Chorizo
4 Scheiben altes Landbrot
3 Knoblauchzehen
2 Stängel glatte Petersilie
Olivenöl zum Braten
geräuchertes Paprikapulver
(Pimentón de la Vera picante)

- Die Chorizo in 1 cm dicke Scheiben schneiden, das Brot in 1 cm dicke Würfel schneiden. Knoblauch und Petersilie fein hacken.
- Olivenöl in einer Pfanne erhitzen, das Brot hinzufügen und unter Rühren knusprig braten.
- Den Knoblauch hinzufügen, vermengen und braten.
- Die Chorizo hinzufügen, vermengen und knusprig braten.
- Die Brot-Chorizo-Mischung in eine Schüssel füllen, mit Petersilie und Paprikapulver bestreuen, vermischen und warm servieren.

TIPP

Verwenden Sie für dieses Rezept eine weiche Chorizo, die nicht lange getrocknet wurde. Da sie mehr Fett enthält, ist sie sehr gut zum Braten geeignet.

Alcachofas con almejas

Artischocken mit Venusmuscheln

FÜR 4 PORTIONEN ❁ ZUBEREITUNG: 20 MINUTEN

½ Zwiebel
2 Knoblauchzehen
3 Stängel glatte Petersilie
Olivenöl zum Braten
300 g TK-Artischocken-Spalten oder aus der Dose
200 ml Weißwein
200 ml Gemüsebrühe
500 g Venusmuscheln
20 g Pinienkerne

- Zwiebel, Knoblauch und Petersilie fein hacken.
- Öl in einem Topf erhitzen, Zwiebeln und Knoblauch glasig dünsten. Die Artischocken hinzufügen und anbraten. Mit Weißwein und Brühe ablöschen und 1 Minuten einkochen lassen.
- Die Venusmuscheln hinzufügen, den Topf mit einem Deckel abdecken und die Muscheln garen bis sie sich geöffnet haben. Die Pinienkerne zu den geöffneten Muscheln geben und vorsichtig vermengen.
- Die fertigen Muscheln mit Petersilie bestreuen, und mit frischem Baguette servieren.

Pincho de gambas

Garnelenspieß

FÜR 4 PORTIONEN ❀ ZUBEREITUNG: 10 MINUTEN

24 TK-Garnelen, geschält
2 Knoblauchzehen
8 Stängel glatte Petersilie
100 ml Olivenöl + zum Braten
Zitrone
Salz und Pfeffer

- Die Garnelen auftauen und jeweils 6 Garnelen auf einen Spieß stecken.
- Knoblauch und Petersilie fein hacken und in eine kleine Schüssel geben. Mit 100 ml Olivenöl auffüllen und vermischen. Mit Salz und Pfeffer würzen.
- Die Garnelen-Spieße in einer Pfanne mit Öl rundherum braten, bis sie gar sind.
- Die Garnelen-Spieße mit dem Knoblauch-Petersilien-Öl beträufeln und nach Wunsch noch einen Spritzer Zitronensaft hinzufügen

Higaditos de pollo al jerez

Hühnerleber in Sherrysauce

FÜR 4 PORTIONEN ⚙ ZUBEREITUNG: 25 MINUTEN

450 g Hühnerleber
1 Zwiebel
2 Knoblauchzehen
3 Stängel glatte Petersilie
Olivenöl zum Braten
100 ml trockener Sherry
Salz und Pfeffer

• Wenn nötig die Hühnerleber säubern und in mundgerechte Stücke schneiden.

• Zwiebel, Knoblauch und Petersilie fein hacken.

• Olivenöl in einer Pfanne erhitzen, Zwiebeln und Knoblauch glasig dünsten. Die Hühnerleber hinzufügen und ca. 3 Minuten braten, sodass sie außen fest, aber innen noch weich und rosa ist. Die Leber aus der Pfannen nehmen und warmhalten.

• Den Sherry in die Pfanne geben, die Temperatur erhöhen und ca. 4 Minuten einkochen lassen. Die Sauce mit Salz und Pfeffer würzen.

• Die Leber in die Sauce geben, darin schwenken und mit Petersilie bestreuen. Mit frischem Landbrot servieren.

TIPP

Diese Tapa findet man in vielen Bars an der Küste. Als Variante kann man das Gericht auch mit Kalbs- oder Lammnieren zubereiten und Champignons, Kapern oder grüne Oliven hinzufügen.

Champiñones al ajillo

Knoblauch-Champignons

FÜR 4 PORTIONEN ❀ ZUBEREITUNG: 20 MINUTEN

400 g kleine Champignons
2 Knoblauchzehen
5 Stängel glatte Petersilie
Olivenöl zum Braten
etwas Zitronensaft
Salz und Pfeffer

• Die Champignons trocken säubern und die Stiele dicht an den Köpfen abschneiden. Größere Pilze halbieren oder vierteln.

• Knoblauch und Petersilie fein hacken.

• Das Olivenöl in einer Pfanne erhitzen und den Knoblauch anbraten. Die Champignons hinzufügen und bei großer Hitze braten, dabei ständig umrühren. Die Champignons so lange braten, bis die Flüssigkeit fast verdampft ist. Mit einem Spritzer Zitronensaft, Salz und Pfeffer würzen.

• Die Petersilie hinzufügen und vermengen und die Champignons mit Brot servieren.

Pollo al ajillo con limón

Hähnchen mit Knoblauch und Zitrone

FÜR 4 PORTIONEN ❀ ZUBEREITUNG: 20 MINUTEN

2 Hähnchenbrustfilets

½ Zwiebel

3 Knoblauchzehen

4 Stängel glatte Petersilie

Olivenöl zum Braten

1 Bio-Zitrone
(Saft von 1 Zitrone,
Abrieb von ½ Zitrone und
Zesten von ½ Zitrone)

Salz und Pfeffer

- Das Fleisch in dünne Stücke schneiden. Zwiebel, Knoblauch und Petersilie fein hacken.

- Das Olivenöl in einer Pfanne erhitzen. Zwiebeln und Knoblauch glasig dünsten. Das Fleisch in die Pfanne geben und anbraten, dann die Hitze etwas reduzieren und weiter braten, bis das Hähnchen gar ist.

- Zitronenabrieb und Saft hinzufügen, vermengen und kurz aufkochen lassen. Petersilie hinzufügen und mit Salz und Pfeffer würzen.

- Das fertige Hähnchen mit den Zitronenzesten bestreuen und mit Brot servieren.

Espárragos con jamón

Grüner Spargel mit Serrano-Schinken

FÜR 4 PORTIONEN ❀ ZUBEREITUNG: 5 MINUTEN ❀ BACKEN: 10 MINUTEN

8 Stangen grüner Spargel
8 Scheiben Serrano-Schinken
Olivenöl zum Braten
Pfeffer

• Den Ofen auf 200 °C vorheizen.

• Die Enden der Spargelstangen abschneiden, und jeweils eine Stange Spargel mit einer Scheibe Schinken umwickeln.

• Ein Blech mit etwas Olivenöl einfetten und die Spargelstangen nebeneinander darauf legen. Nochmals mit etwas Olivenöl beträufeln und mit Pfeffer würzen.

• Den Spargel 10 Minuten im Ofen bissfest garen und heiß servieren.

BENALMÁDENA

Der Ort liegt zwischen Fuengirola und Torremolinos und hat architektonisch einiges zu bieten. Der Sporthafen *Puerto Marina* zählt mit über 1100 Liegeplätzen zu den bedeutendsten und größten Jachthäfen der Küste. Der außergewöhnlichste Hafen- und Wohnkomplex Europas be-sticht durch sein schönes Design und die prächtige Architektur. Mit der Verknüpfung von indischen, arabischen und andalusischen Elementen und den künstlich angelegten Inseln wurde er schon zweimal als „Bester Sporthafen der Welt" ausgezeichnet. Ein weiteres architektonisches Highlight ist das *Castillo de Colomares.* Laut Guiness-Buch der Rekorde ist es das größte Denkmal, welches zu Ehren von Christopher Columbus gebaut worden ist. Es wurde zwischen 1987 und 1994 auf 1500 Quadratmetern errichtet, ist eine Würdigung an das Leben und die Abenteuer des Columbus und ähnelt einem Märchenschloss. Das größte Buddha-Denkmal der westlichen Welt steht ebenfalls in Benalmádena. Die *Estupa Budista de la Iluminación*, genannt Stupa, wurde 2003 errichtet und ist 33 Meter hoch. Von der Aussichtsplattform vor der Stupa, die auf einem Hügel thront, hat man einen fantastischen Blick auf die Küste. Eine spektakuläre Aussicht genießt man auch, wenn man mit der Seilbahn auf den Gipfel des 780 Meter hohen *Monte Calamorro* fährt. Von hier aus lässt sich die Gegend bei einem faszinierenden Blick herrlich erwandern.

COLOMARES

FERIA

Farbenpracht & Flamenco

Den ganzen Sommer über finden in allen Dörfern und Küstenstädtchen *Ferias* statt. In kleineren Orten dauert die *Feria* nur ein Wochenende, in größeren mehr als eine Woche. Die *Feria de Agosto* in Málaga ist das größte Spektakel der Küstenregion. Sie gehört zu den ältesten europäischen Festivals, wird seit 1491 zelebriert und dauert zehn Tage. In allen Winkeln der Stadt wird ein festliches und fröhliches Flair verströmt und Málaga präsentiert sich mit all seiner Heiterkeit, Farbenpracht und Lebensfreude. Begleitet wird die *Feria* vom *Cartojal* - der süße Moscatel-Wein wird kalt getrunken und ist der meistverkaufte Wein des Festes. Die *Feria de Málaga* findet auf zwei verschiedenen Schauplätzen statt: direkt im Zentrum wo überall Musik ertönt und die *Malagueños* auf den Straßen Flamenco tanzen, und auf dem Messegelände, wo Fahrgeschäfte aufgebaut sind und rund 150 Buden stehen.

Kitchen
COOKING

CARTOJAL
MÁLAGA
CARTOJAL
MÁLAGA
CARTOJAL
MÁLAGA
CARTOJAL
MÁLAGA
CARTOJAL
MÁLAGA
CARTOJAL
MÁLAGA

I ♥ MÁLAGA

¡VIVA
ESPAÑA!

MOJITO

MÁLAGA

Die zweitgrößte Stadt Andalusiens ist eingebettet zwischen der *Sierra de Mijas* und den *Montes de Málaga*. Zahlreiche Völker haben hier ihre Spuren hinterlassen: Mauren, Römer und Phönizier - und Pablo Picasso und Antonio Banderas wurden hier geboren. Málaga ist eine Stadt mit Geschichte, Kultur und Moderne und verfügt über die größte Stierkampfarena Spaniens. Entdecken Sie die historische Altstadt, die zu jeder Jahreszeit eine Reise wert ist. Die *Catedral de la Encarnación* wurde 1528 auf den Grundmauern einer Moschee erbaut. Da in der 254-jährigen Bauzeit das Geld für den zweiten Glockenturm ausging, wird die Kathedrale volkstümlich auch *La Manquita* genannt - kleine einarmige Dame. Sowohl das Geburtshaus von Pablo Picasso als auch das Museum enthalten Dauerausstellungen und sind ein Muss für jeden Kunstliebhaber. Über der Stadt thront eines der Wahrzeichen von Málaga - die Festungsanlage *Alcazaba*. Dieses hervorragende Beispiel maurischer Baukunst war früher die Residenz mehrerer arabischer Herrscher. Die „kleine Alhambra" vereint Schönheit und Geschichte. Unterhalb der *Alcazaba* befindet sich ein römisches Theater, welches erst Mitte des 20. Jahrhunderts wiederentdeckt wurde und heute häufig für Theateraufführungen genutzt wird. Oberhalb der *Alcazaba*, 130 Meter hoch, befindet sich die Burg *Castillo de Gibralfaro* aus dem 14. Jahrhundert. Von hier aus eröffnet sich ein atemberaubender Blick über die Stadt und den Hafen. Nach einer kulturellen Entdeckungstour erleben Sie in einem der 300 Restaurants der Altstadt die Köstlichkeiten der spanischen Küche, und auf dem Weg zum Hafen genießen Sie ein paar entspannte Minuten im *Parque de Málaga* - der grünen Seele der Stadt.

A LA ALTURA DE TUS MEJORES SUEÑOS

SANTA
MARIA

PRETACIÓN TEATRO ROM

MUELLE UNO

Moderne & Kunst

Der *Muelle Uno* im Hafen Málagas ist ein hipper und kultureller Treffpunkt ein paar Schritte vom Zentrum entfernt. Zwischen großen Super-Jachten, Ausflugsbooten und Kreuzfahrtschiffen können Sie hier an der Hafenpromenade entlang schlendern. Eine Vielzahl an Restaurants, Cafés, Geschäften und hochwertigen Verkaufsständen haben sich an der Promenade entlang bis zum Leuchtturm angesiedelt. Das Highlight ist der neue kulturelle Hotspot - das *Centro Pompidou Málaga*. Seit 2015 findet eine Zusammenarbeit zwischen dem Museum in Paris und Málaga statt. Im Kulturzentrum *El Cubo*, einem bunten, quadratischen Glaswürfel hat sich die Außenstelle des französischen *Centre Pompidou* auf 6.300 Quadratmetern niedergelassen. Erleben Sie Pariser Chic und puren Kunstgenuss im Herzen der Costa del Sol.

muelleuno

MERCADO CENTRAL DE ATARAZANAS

Ein Markt mit Geschichte

Die Markthalle von Málaga ist ein Erlebnis für die Sinne an einem kulturellen Ort. Erbaut wurde sie um 1876, und die Buntglasfenster des Hintereingangs aus dem Jahr 1973 zeigen die Geschichte der Halle. Zur Zeit der Mauren war der Ort ein Schiffsbauplatz, und das Gebäude stand direkt am Meer. Heute zieht die farbenfrohe Vielfalt der Lebensmittel täglich viele Einheimische und Besucher an. Die Halle teilt sich in drei Bereiche auf: Rechts befinden sich die Obst- und Gemüsestände, in der Mitte Fisch und Meeresfrüchte und links Fleisch und Wurstwaren. Natürlich können Sie die vielen Köstlichkeiten auch direkt vor Ort probieren - sowohl innen an den Theken als auch draußen vor dem Haupteingang.

LIMON 0.80€
CALABACINES 1.60€
BERENJENAS 1.95€

Lomo Iberico "Manteca"
a 3'00€ 1/4

CIGALA

ALMEJAS CANTABRICO
12€ Kilo

FRESAS DE HUELVA
2'50€ Kilo

VISA
FLORES HIBISCO
KIWI
MANGOS
POMELO GRAPE-FRUIT
DATILES
ALMENDRAS MALAGA 4'95

DE MÁLAGA

CASI

MANUEL BELMAN
PESCADOS FRESCOS
119
"SOLER"

QUESO de
Cabra
Payoya

VIEIRAS
10 E
Kilo

6€ Kilo
MEJILLON "BUXOT"
SELECCION

DE FREIR
1.80€

Fideuá

Nudel-Paella

FÜR 2 PORTIONEN ❁ ZUBEREITUNG: 45 MINUTEN

1 rote Paprika
4 Knoblauchzehen
1 Zwiebel
Olivenöl zum Braten
1 TL Paprikapulver, edelsüß
600 ml Fischbrühe
100 ml Weißwein
200 g TK-Garnelen, geschält
400 g Tintenfischringe
6 Riesengarnelen mit Schale
6 Miesmuscheln
300 g Fideo Nudeln N°4
200 g passierte Tomaten
5-6 Safranfäden
Petersilie zum Dekorieren
Zitrone zum Dekorieren
Salz und Pfeffer

- Paprika, Knoblauch und Zwiebel fein hacken.
- Großzügig Olivenöl in die Pfanne geben und Paprika, Knoblauch und Zwiebeln anbraten. Paprikapulver hinzufügen. Mit etwas Brühe und Weißwein ablöschen. Dann alle Meeresfrüchte hinzufügen und fertig garen. Die Meeresfrüchte aus der Pfanne nehmen und beiseite stellen.
- Die Nudeln in die Pfanne geben. Die restliche Brühe, Weißwein, Tomaten und Safran hinzufügen. Mit Salz und Pfeffer würzen, alles vermischen und die Nudeln 10 Minuten al dente garen. Die Nudeln währenddessen nicht umrühren, damit sie am Pfannenboden leicht ankrusten.
- Nach 5 Minuten Garzeit die Garnelen und Tintenfischringe hinzufügen und die Pfanne etwas hin und her rütteln, aber nicht umrühren.
- Sobald die Nudeln fast gar sind, die Riesengarnelen und Miesmuscheln oben darauf garnieren. Dann die Hitze ausschalten, die Pfanne mit Alufolie abdecken und 5 Minuten ruhen lassen.
- Die Petersilie fein hacken und die Fideuá mit Zitronenspalten und Petersilie garnieren.

Paella mixta

Gemischte Paella

FÜR 6 PORTIONEN ❀ ZUBEREITUNG: 1 STUNDE

3 Knoblauchzehen
1 Zwiebel
1 rote Paprika
200 g Hähnchenbrust
Olivenöl zum Braten
1 EL Paprikapulver
200 g TK-Meeresfrüchte-Mischung
200 g TK-Erbsen
800 g Paella-Reis
400 g passierte Tomaten
2 Liter Gemüsebrühe
½ TL Safran
12 Riesengarnelen mit Schale
14 Miesmuscheln
Petersilie zum Dekorieren
Zitrone zum Dekorieren

- Knoblauch und Zwiebel fein hacken, Paprika in Würfel schneiden. Hähnchenfleisch klein schneiden.

- Olivenöl in einer Paella-Pfanne erhitzen, Knoblauch und Zwiebel andünsten. Paprika und Hähnchen hinzufügen und braten, mit Paprikapulver würzen und aus der Pfanne nehmen.

- Nochmal etwas Öl in die Pfanne geben, die Meeresfrüchte-Mischung und Erbsen hinein geben und garen. Den Reis hinzufügen und alles vermischen. Das Hähnchen wieder dazu geben und alles vermengen. Die passierten Tomaten hinzufügen und gut vermengen. Den Reis gleichmäßig in der Pfanne verteilen und mit der Brühe aufgießen, sodass der Reis ausreichend bedeckt ist. Den Safran hinzufügen und alles gut vermischen.

- Riesengarnelen und Miesmuscheln auf dem Reis verteilen und alles zusammen ca. 20 Minuten langsam köcheln lassen, bis der Reis fast gar ist. Den Reis währenddessen nicht umrühren, damit er am Pfannenboden leicht ankrustet.

- Dann die Hitze ausschalten, die Pfanne mit Alufolie abdecken und 10 Minuten ruhen lassen.

- Die Petersilie fein hacken und die Paella mit Zitronenspalten und Petersilie garnieren.

Arroz Negro

Schwarzer Reis mit Meeresfrüchten

FÜR 2 PORTIONEN ❀ ZUBEREITUNG: 50 MINUTEN

2 Knoblauchzehen
1 rote Paprika
Olivenöl zum Braten
20 TK-Garnelen, geschält
16 Tintenfischringe
400 g passierte Tomaten
400 g Paella-Reis
1 Liter Fischbrühe
2 Pakete schwarze Tinte, je 4 g
4 Riesengarnelen mit Schale
8 Miesmuscheln

• Knoblauch fein hacken, Paprika in dünne Streifen schneiden und halbieren.

• Olivenöl in einer Paella-Pfanne erhitzen und den Knoblauch andünsten. Paprika hinzufügen und braten. Garnelen und Tintenfischringe hinzufügen und anbraten. Tomaten hinzufügen und vermengen. Den Reis hinzufügen, alles vermengen, gleichmäßig in der Pfanne verteilen und mit der Brühe aufgießen, sodass der Reis ausreichend bedeckt ist. Die Tinte hinzufügen und alles gut vermischen.

• Riesengarnelen und Miesmuscheln auf dem Reis verteilen und alles zusammen ca. 20 Minuten langsam köcheln lassen, bis der Reis fast fertig ist. Den Reis währenddessen nicht umrühren, damit er am Pfannenboden leicht ankrustet.

• Dann die Hitze ausschalten, die Pfanne mit Alufolie abdecken und 10 Minuten ruhen lassen.

CHIRINGUITOS

& Espetos de sardinas

Chiringuitos de Playa gehören zum Strandbild der Küste einfach dazu. Hier lässt es sich wunderbar am Strand in der Sonne sitzen, das Meer vor Augen und frisch gegrillten Fisch auf dem Teller. Der Klassiker sind *Espetos de sardinas*, die auf einem alten ausrangierten Boot, das zu einem großen Grill umfunktioniert wurde, an der Glut gegrillt werden. Typischerweise werden die Sardinen auf Bambus aufgespießt, mit Zitrone serviert und mit den Händen gegessen. Diese Köstlichkeit ist eine Erfindung der Fischer gewesen, die den verbleibenden Fisch und das Zucker- oder Bambusrohr verwendet haben und sich so diese Zubereitungsart ausdachten. 1882 gab es in El Palo, einem Stadtteil Málagas, das erste Lokal, das die berühmten Sardinenspieße anbot. Größere Fische wie Doraden oder Tintenfische werden auf Metallspieße gesteckt und ebenfalls auf diese Art gegrillt. Frischer können Sie Fisch kaum essen. *Pescaíto frito*, ein Teller gemischter frittierter Fisch, mit einem Spritzer Zitrone zählt ebenso zu den Klassikern - also kulinarisch gibt es einiges zu erleben!

ESTA NOCHE
ESPETOS
2€

TORRE DEL MAR

Sie suchen einen typisch spanischen Badeort? Dann sind Sie hier ca. 30 Kilometer östlich von Málaga genau richtig. Die andalusische Lebensweise, die Gelassenheit und die fröhliche Art der einheimischen *Torreños*, spiegelt sich im ganzen Ort wider. Die gute Infrastruktur von Geschäften, Restaurants und Stränden zieht nicht nur ausländische Touristen an, sondern in der Hauptsaison im Juli und August auch eine Vielzahl an Spaniern. Die zwei Kilometer lange Strandpromenade, *Paseo marítimo* und die Flaniermeile in der Innenstadt, *Paseo de Larios,* lädt überall mit Ruhebänken zu gemütlichen Strand-und-Stadt-Spaziergängen von morgens bis in die späten Abendstunden ein. Gehen Sie donnerstagmorgens auf dem Straßenmarkt *Mercadillo* auf Shoppingtour, schlendern Sie rund um den Leuchtturm und genießen Sie die andalusischen Köstlichkeiten in einem der zahlreichen Strandrestaurants *Chiringuitos,* während Sie den warmen Sand über Ihre Füße rieseln lassen. Und nach einem ausgiebigen Sommer-Sonnentag warten Abends Konzerte an der Strandpromenade auf Sie. Oder wie wäre es mit einem letzten Drink im Viertel *El Copo*? Hier reihen sich auf einem halben Kilometer Bars aneinander, die in den Sommermonaten täglich bis 4 Uhr morgens geöffnet haben. Am östlichen Ende der Uferpromenade befindet sich der einzige Fischerei- und Jachthafen der Costa del Sol Oriental in Caleta de Vélez. Er ist einer der wichtigsten Fischereihäfen in der Provinz Málaga und liefert täglich fangfrisch Sardinen, Makrelen und Tintenfische.

TORRE del MAR

Playa de Torre del mar
PESCAITO

PlaYa TroPical

TORRE del MAR
Costa del Sol
Que todo el mundo se entere
lo que yo a ti te he querido
me lo voy a callar siempre.

torreña

SSR-161112

TUNA
DOS
MERCURY
ALLANTE

Playa de Caleta

PESCADOS
RAFA MOLIN

Hnos. VALENTIN

VÉLEZ-MÁLAGA

Die Hauptstadt der Region Axarquía, Vélez-Málaga, liegt ca. 28 Kilometer von Málaga entfernt und besteht aus mehreren eingemeindeten Ortsteilen. Unter anderem gehören Torre del Mar, Benajarafe, Almayate und Cajiz dazu, alles in allem leben hier fast 80.000 Einwohner. Vélez-Málaga liefert die perfekte Mischung aus der Dorf-Kultur im Hinterland und dem bunten Treiben in den Küstenorten. Nicht nur in Bezug auf die Einwohnerzahl, sondern vor allem aufgrund ihres historischen und kulturellen Erbes ist sie eine wichtige Stadt in der Provinz. Die Altstadt wurde zum kunsthistorischen Baudenkmal erklärt und gleicht einem Ausflug in die Geschichte. Die berühmte Vordenkerin und Philosophin Maria Zambrano wurde hier geboren und ihre Stiftung hat den Sitz im *Palacio del Marqués de Beniel*, der baulich zwischen den Stilrichtungen *Mudéjar* und Manierismus einzuordnen ist. Außerdem befindet sich ganz in der Nähe des *Palacio* das *Casa Cervantes*, ein altes Herrenhaus aus dem 16. Jahrhundert. Hier hatte nach volkstümlicher Überlieferung Spaniens Nationaldichter Miguel de Cervantes gewohnt; Teile aus seinem Werk Don Quijote spielen in Vélez-Málaga. Aus ihrer maurischen Vergangenheit sind in Vélez-Málaga interessante Spuren erhalten geblieben, darunter einige Mauerbilder der alten Stadtmauer, und am höchsten Punkt der Stadt erhebt sich die im 10. Jahrhundert errichtete mittelalterliche Festung der *Alcazaba* auf ca. 130 Metern über dem Meeresspiegel. Von hier aus genießt man einen Panoramablick auf die Flussebene von Vélez-Málaga und weite Bereiche der Axarquía.

FRÜCHTE DER KÜSTE

Subtropisch & fast unbekannt

Níspero und Chirimoya sind Früchte, die an der Costa del Sol wachsen, aber vor allem Chirimoyas sind vielen unbekannt. Níspero, aus der Gattung der Rosengewächse - auch japanische Wollmispel genannt - ist vor allem rund um den Ort Sayalonga so bedeutend, dass jährlich im Mai der *Día del Níspero* zelebriert wird. Auf den örtlichen Feldern werden die Obstbäume, die bis zu 70 Jahre alt werden können, angepflanzt. Die Früchte werden leicht mit angefaulten Aprikosen verwechselt, da sie mit bräunlichen Flecken übersät sind. Ihr süß-saurer, leicht herber Geschmack ist vergleichbar mit dem von Pflaumen. Zwei Tage nach der Ernte sind die Früchte bereits matschig, daher eignen sie sich gut für Marmelade, Kuchen und Likör. Chirimoya kommt ursprünglich aus den subtropischen Gegenden Perus und Kolumbiens, doch mittlerweile zählen Málaga und Granada mit zu den weltweit größten Produzenten. Sie können die Frucht einfach wunderbar mit dem Löffel aushöhlen und essen. Die Kerne sind nicht genießbar. Das Fruchtfleisch ist fleischig, cremig und saftig. Es schmeckt süß, mit einer säuerlichen Note. Chirimoyas eignen sich gut für die Zubereitung von Sorbets, Marmeladen und Obstsalaten.

6€
K

CÓMPETA

Das Juwel in den Bergen liegt auf ca. 630 Höhenmetern, 16 Kilometer von der Küste entfernt und besticht durch seine geschützte Lage in den Bergen der *Sierra de Almijara*. Die Araber lebten viele Jahrhunderte in Cómpeta und prägten den Ort, der heute noch für seine traditionelle Architektur und alten Bräuche bekannt ist. Schon bei der Anfahrt deuten die schöne Berglandschaft und die von Reben bedeckten Hügel auf eine kulinarische Tradition hin - den Weinanbau. Und jedes Jahr am 15. August findet sie dann statt: die magische Nacht - *la Noche de vino!* Dabei werden die Trauben noch traditionell getreten und in allen Gassen duftet es nach der Muskatellertraube. Gefeiert wird mit Musik, Tanz, Fencheleintopf, *Migas* - gerösteten Brotkrumen - und natürlich mit *Vino de Cómpeta*. Entdecken Sie die verwinkelten Gassen des charmanten Dorfes und erholen Sie sich auf der *Plaza Almijara* bei einem Gläschen *Vino seco* oder *dulce*.
Und wo der Weinanbau groß geschrieben wird, darf eine weitere lokale Spezialität nicht fehlen: Rosinen. Die Frucht wird hier noch auf die traditionelle Art und Weise in den weißen, rechteckigen Trockenplätzen gedörrt, die überall an den Berghängen zu sehen sind.

CALLE
JOSE
ANTONIO

CASA AZUL

18

Casa Rural
CASA
LUVIA
Nº45

2009
Paseo de las Tradiciones

LA COMPETEÑA
PASAS DE SOL DE ANDALUCÍA
LA COMPETEÑA
FRUTOS DE SOL DE ANDALUCÍA
PASAS
MOSCATEL
DE MALAGA
HIGOS
PAJAREROS
SECOS

FEINES AUS DER TRAUBE

Vino Dulce, Sherry & Co.

Der süße Málagawein blickt auf eine lange Geschichte zurück, denn schon die Phönizier brachten ihn vor über 3000 Jahren nach Málaga. Er wird hauptsächlich aus den Trauben Muskateller und Pedro Ximenez hergestellt, die in den Bergen nordöstlich der Stadt wachsen. Ein Gläschen süßen Wein als Aperitif und einen Besuch im *Museo del Vino* in Málaga, in dem es 400 Austellungsstücke vom Flaschenetikett bis zum Fassdeckel zu bestaunen gibt, sollten Sie sich nicht entgehen lassen. Ein Likörwein, der einem speziellen Reifeprozess unterzogen wird ist der Sherry. Nur Weine, die aus der Gegend um Jerez de la Frontera stammen, dürfen diesen Namen tragen. Sherry wird aus der Palomino-Fino Traube hergestellt. Die wichtigste Sherry-Sorte ist der Fino. Er hat eine hell-goldene Farbe und man unterscheidet ihn in den drei Geschmacksrichtungen Dry, Medium und Creme. Genießen Sie eine *Copa Vino Fino* in einer urigen Tapasbar und lassen Sie sich den Geschmack der Costa del Sol auf der Zunge zergehen.

La Bodeguita
de Málaga
MALAGA

sierra almijara
Tienda de viños

MOSCATEL
MOSCATEL SEMI
MOSCATEL RESERVA
MOSCATEL NECTAR
MOSCATEL DULCE
MOSCATEL DULCE

GUINDA

La Alpujarra

VINO DE COMPETA
SECO
SEMI
DULCE

Pestiños

Frittierte Teigtaschen

FÜR CA. 25 STÜCK ֍ ZUBEREITUNG: 40 MINUTEN

250 ml Olivenöl + zum Frittieren
1 breite Zeste Bio-Zitronenschale
1 Zimtstange
250 ml Weißwein
eine Prise Salz
750 g Mehl
Zucker zum Bestäuben

- 250 ml Olivenöl in einen Topf geben, erhitzen und Zitronenschale und Zimtstange darin kurz anbraten. Das Öl darf dabei nicht verbrennen. Dann Zitronenschale und Zimtstange entfernen und das Öl in eine Rührschüssel geben.

- Weißwein, Salz und etwas Mehl hinzufügen und gut vermischen. Dann nach und nach das restliche Mehl hinzufügen und zu einem Teig verarbeiten. Den Teig 5 Minuten mit den Händen kneten, bis er schön weich ist.

- Mit den Händen kleine Kugeln von ca. 2 cm Durchmesser formen. Die Kugeln mit der Teigrolle rechteckig, flach ausrollen. Dann jeweils 2 Enden zur Mitte zusammen legen.

- Öl zum Frittieren erhitzen und die Pestiños darin goldbraun frittieren. Auf einen Teller mit Küchenpapier legen und das Fett abtropfen lassen.

- Die fertig gebackenen Pestiños in Zucker wälzen.

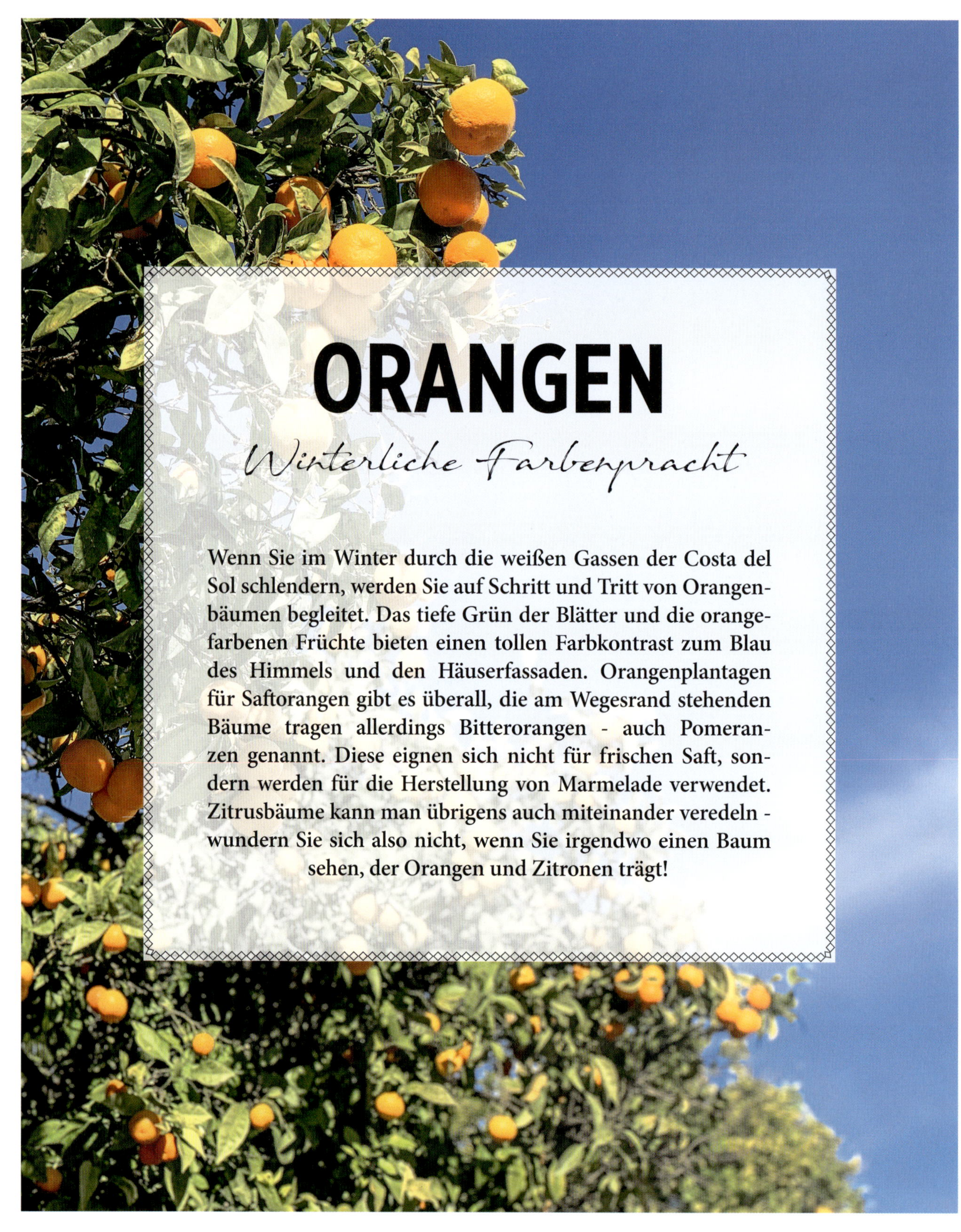

ORANGEN

Winterliche Farbenpracht

Wenn Sie im Winter durch die weißen Gassen der Costa del Sol schlendern, werden Sie auf Schritt und Tritt von Orangenbäumen begleitet. Das tiefe Grün der Blätter und die orangefarbenen Früchte bieten einen tollen Farbkontrast zum Blau des Himmels und den Häuserfassaden. Orangenplantagen für Saftorangen gibt es überall, die am Wegesrand stehenden Bäume tragen allerdings Bitterorangen - auch Pomeranzen genannt. Diese eignen sich nicht für frischen Saft, sondern werden für die Herstellung von Marmelade verwendet. Zitrusbäume kann man übrigens auch miteinander veredeln - wundern Sie sich also nicht, wenn Sie irgendwo einen Baum sehen, der Orangen und Zitronen trägt!

Arroz con leche

Milchreis

FÜR 6 PORTIONEN ❀ ZUBEREITUNG: 35 MINUTEN

1 Liter Milch
220 g Rundkornreis
je eine breite Zeste Bio-Zitronen- und Orangenschale
1 Zimtstange
50 g Zucker
10 g Butter
Zimtpulver zum Bestäuben

- Milch, Reis, Zeste von Zitrone und Orange und Zimtstange in einen Topf geben, kurz aufkochen lassen, dann bei niedriger Temperatur 20 Minuten sanft köcheln lassen. Dabei ständig umrühren.
- Nach 20 Minuten den Zucker hinzufügen und weitere 10 Minuten sanft köcheln lassen, bis der Reis schön cremig und weich ist. Dabei ständig umrühren.
- Dann die Temperatur ausschalten, Butter hinzufügen und die Zimtstange und Zitrusschalen entfernen.
- Den fertigen Milchreis auf Schalen aufteilen und mit Zimtpulver bestäuben.

Polvorones de almendras

Mandel-Schmalz-Gebäck

FÜR CA. 20 STÜCK
ZUBEREITUNG: 30 MINUTEN ❀ KALTSTELLEN: 30 MINUTEN ❀ BACKEN: 15 MINUTEN

500 g Mehl

250 g Schweineschmalz, Raumtemperatur

125 g Zucker

125 g Mandeln, gemahlen

1 TL Zimt

Puderzucker zum Bestäuben

- Das Mehl in eine Pfanne geben und 1-2 Minuten fettfrei anrösten. Das Mehl soll goldbraun werden, ohne zu verbrennen. Das geröstete Mehl in eine Schüssel sieben und erkalten lassen.

- Schmalz und Zucker in der Küchenmaschine schaumig schlagen.

- Mehl, Mandeln und Zimt hinzufügen und mit einer Gabel vermischen. Dann den Teig mit den Händen zu einer Kugel formen, in Klarsichtfolie einpacken und 30 Minuten in den Kühlschrank legen.

- Den Ofen auf 180 °C vorheizen.

- Den Teig auf der bemehlten Arbeitsfläche vorsichtig mit einer Teigrolle 2 cm dick ausbreiten.

- Mit einem runden oder ovalen Ausstechring Kekse von ca. 5 cm Durchmesser ausstechen.

- Ein Blech mit Backpapier auslegen. Die Kekse vorsichtig auf das Blech legen und je nach Größe und Dicke 12-15 Minuten backen, bis sie fest sind.

- Die Kekse aus dem Ofen nehmen, vorsichtig auf ein Küchengitter legen und abkühlen lassen. Dabei aufpassen: Die Polvorones sind sehr zerbrechlich, wenn sie frisch aus dem Ofen kommen.

- Die fertigen Polvorones mit Puderzucker bestäuben.

- Polvorones bleiben in einer Keksdose bis zu 2 Wochen frisch.

ZITRONEN

Mediterrane Sonnenfrüchte

In Europas Obst- und Gemüsegarten tragen die sonnenhungrigen Zitronenbäume das ganze Jahr über Früchte. Mancherorts hängen zwischen 100 und 150 Kilogramm an einem Baum, so dass die Äste von der schweren Last ganz gekrümmt sind. Zitronenbäume finden Sie an der Costa del Sol überall - in gepflegten Gärten, auf großen Plantagen oder einfach am Wegesrand. So wundert es auch nicht, dass Zitronen auf jedem Speiseplan dazu gehören. In der erfrischenden Sangria dürfen sie genauso wenig fehlen wie bei eingelegten Oliven oder zu frisch gegrilltem Fisch.

Tarta de almendras

Mandelkuchen

ERGIBT 1 KUCHEN ❀ ZUBEREITUNG: 15 MINUTEN ❀ BACKEN: 30 MINUTEN

4 Eier
175 g Zucker
1 Bio-Zitrone, Saft und Abrieb
400 g Mandeln, gemahlen
Puderzucker zum Bestäuben

• Den Ofen auf 190 °C Umluft vorheizen. Eine Springform mit 28 cm Durchmesser einfetten.

• Die Eier in einer Rührschüssel schaumig schlagen

• Nach und nach den Zucker hinzufügen und weiter rühren, bis die Masse heller wird.

• Dann den Zitronensaft und Abrieb hinzufügen.

• Zum Schluss die Mandeln hinzufügen und alles gut vermischen.

• Den Teig in die Form füllen und im Ofen 30 Minuten backen. Mit einem Holzstäbchen testen, ob der Kuchen durchgebacken ist.

• Den Kuchen etwas abkühlen lassen und mit Puderzucker bestäuben.

Flan de huevo

Karamellpudding

FÜR 6 PORTIONEN
ZUBEREITUNG: 20 MINUTEN ❀ BACKEN: 40 MINUTEN ❀ KALTSTELLEN: 4-24 STUNDEN

Karamell:

100 g Zucker
2 EL Wasser

Flan:

½ Vanilleschote
500 ml Milch
100 g Zucker
4 Eier

Karamell:

• Zucker mit Wasser in einem kleinen Topf bei schwacher Hitze langsam schmelzen. Die Temperatur darf nicht zu hoch sein, da der Zucker sonst verbrennt. Den Zucker goldbraun karamellisieren, dabei nicht umrühren. Den Karamell auf 6 Aluförmchen aufteilen und erkalten lassen.

Flan:

• Den Ofen auf 200 °C vorheizen.

• Die Vanilleschote längs aufschlitzen, mit der Milch in einen Topf geben und diese zum Kochen bringen. Dann von der Herdplatte nehmen.

• Zucker und Eier in einer großen Schüssel mit einem Schneebesen verquirlen. Unter ständigem Rühren nach und nach die warme Milch hinzufügen. Die Creme vorsichtig in die Förmchen auf den Karamell gießen.

• Die Förmchen in eine Auflaufform setzen und mit heißem Wasser bis zum Förmchenrand auffüllen. Alles mit Alufolie abdecken und im Ofen 40 Minuten fest werden lassen.

• Mit einem Finger die Creme antippen und prüfen, ob sie komplett gestockt ist. Den Ofen ausschalten und den Flan 15 Minuten im Ofen stehen lassen. Dann herausnehmen, abkühlen lassen und 4-24 Stunden im Kühlschrank komplett durchkühlen lassen.

• Zum Servieren mit einem Messer den Rand der Förmchen umfahren und den Flan auf Teller stürzen. Den restlichen Karamell darüber träufeln.

CHURROS

Heiß & Fettig

Churros und *Porras* sind eine typisch spanische Leckerei und werden zum Frühstück oder als Mitternachtssnack in heiße dickflüssige Schokolade getunkt. *Churros con chocolate* gibt es in vielen Cafés und Bars, oder sie werden in kleinen Holzhütten am Straßenrand verkauft. Eine authentische *Churrería* erkennt man gleich am Geruch - es duftet nach frischem Fettgebackenem. An der Theke kann man beim *Churrero* - dem Mann, der die *Churros* herstellt - oder seiner Frau, *Churrera*, *Churros* oder *Porras* bestellen. *Churros* sind dünner und gerillt. *Porras* sind dicker, ohne Rillen und haben Backpulver im Teig. Beide Varianten zählen zum Spritzgebäck und werden in Fett ausgebacken. Die Herstellung von *Churros* ist nicht allzu schwer. Ein Besuch in einer *Churrería* gehört schon fast zum Pflichtprogramm an der Costa del Sol und man sollte sich ihn nicht entgehen lassen.

COSTA DEL SOL

CHURRERIA
- CHOCOLATERIA -
ZUMOS
NATURALES

Porras

Churros

FÜR 4 PORTIONEN ❁ ZUBEREITUNG: 15 MINUTEN ❁ RUHEZEIT: 30 MINUTEN

300 g Mehl
1 TL Backpulver
1 TL Salz
300 ml Wasser
2 EL Olivenöl
Öl zum Frittieren

- Das Mehl in eine Rührschüssel geben. Das Backpulver hinzufügen und vermengen. Dann Salz hinzufügen und ebenfalls vermengen.

- Das Wasser auf 40 °C erhitzen, hinzufügen und gut vermischen. Dann die 2 EL Olivenöl hinzufügen und gut verrühren.

- Die Schüssel mit Plastikfolie abdecken und den Teig 30 Minuten gehen lassen.

- Das Öl in einer Pfanne erhitzen, und den Teig in einen Spritzbeutel mit runder Tülle füllen.

- Sobald das Öl siedend heiß ist, eine lange Schlange Churros-Teig schneckenförmig in das Öl spritzen. Zuerst goldbraun von der einen Seite frittieren, dann die Churros-Schnecke wenden und von der anderen Seite goldbraun frittieren.

- Die Churros-Schnecke auf Küchenpapier abtropfen lassen und in Stücke von 10 cm schneiden.

- Die fertigen Churros mit weißem Zucker, Zimtzucker oder Puderzucker bestäuben oder mit heißer Schokolade servieren.

TORROX COSTA

Klein-Deutschland an der Costa del Sol. Das Dorf Torrox unterteilt sich in Torrox *Costa* direkt am Meer und dem drei Kilometer landeinwärts gelegenen *Pueblo*. Zusätzlich zu den rund 13.400 spanischen Einwohnern zählen außerdem noch ca. 3000 gemeldete Deutsche, womit das „deutsche Dorf" die höchste deutsche Einwohnerzahl auf der spanischen Halbinsel haben soll. Die deutsche Sprache, Küche und Kultur haben hier längst Einzug gehalten. Von deutschen Bäckern, Lebensmittelgeschäften, Restaurants bis hin zu Ärzten ist hier alles zu finden - und im Herbst darf natürlich auch das Oktoberfest nicht fehlen. Der Ort wirbt stolz für sich mit *El Mejor Clima de Europa* - Das beste Klima in Europa - und bietet ca. 50 Kilometer von Málaga entfernt einen ruhigen Ferien- oder Überwinterungsort mit mehreren Kilometern Strandabschnitt und einer guten Infrastruktur. Neben den Wohn-Hochhäusern mit Meerblick bietet Torrox Costa eine schöne Strandpromenade, die im Sommer bis spät in die Nacht mit vielen Marktständen zum Shoppen einlädt. Doch auch kulturell hat Torrox etwas zu bieten. Die archäologische Stätte von Caviclum ist eine der bedeutendsten der Provinz Málaga. Der architektonische Komplex war zur Römerzeit eine wichtige Enklave für Landwirtschaft und Fischerei. Der Leuchtturm direkt neben den Ausgrabungen, der erstmals im Jahr 1864 Schiffen den Weg wies, beherbergt heute das Maritim-Museum und bietet mit der futuristischen Aussichtsplattform ein tolles Fotomotiv am Ende der Bucht von Torrox.

HAMACAS
MARIA

MERCADILLO

Straßenmärkte mit Flair

Straßenmärkte finden in der ganzen Region an jedem Tag statt. Die lebhafte Atmosphäre und die günstigen Preise werden sowohl von Einheimischen als auch von Besuchern sehr geschätzt. Frisches Obst und Gemüse, Nüsse, Oliven und Gewürze reihen sich neben Schuhen, Taschen, Kleidern und Kinderspielzeug ein. Schöne Souvenirs, wie die typisch spanische Keramik, dürfen natürlich auch nicht fehlen. Die Stände der örtlichen Wochenmärkte haben bis Mittags geöffnet. Im Sommer sollten Sie für Ihren Besuch den frühen Morgen nutzen, wenn der Markt noch nicht so voll und die Sonne noch nicht so stark ist.

1 KiLo
€ 2.00
1/2 kilo
€ 1.50

FRUTAS
1 Kg.
1,00

FRIGILIANA

Mehrfach zum „schönsten Dorf Andalusiens“ gekürt, liegt Frigiliana ca. sieben Kilometer vom Küstenort Nerja entfernt, auf 435 Höhenmetern am Rand der Schlucht des *Río Higueron* und ebenfalls am Rand des 40.000 Hektar großen Naturparks *Sierras de Tejeda, Almijara y Alhama*. Frigiliana gehört zu Recht zu den schönsten Dörfern Andalusiens - würfelartige weißgetünchte Häuser, kleine, bunte Fenster, autofreie, enge, steile Gassen, die mit wunderschönem verschiedenfarbigem Naturstein-Mosaik gepflastert sind und alles mit Blick auf die 2000 Meter hohen Berggipfel der *Sierras*. Der maurische Ortskern im *Mudéjar*-Stil, auch *Barrio Morisco* genannt, erzählt durch seine mit Keramikbildern verzierten Fassaden die Geschichte des Ortes. Phönizier, Piraten, Römer, Maquis und Mauren - alle prägten die Geschichte Frigilianas, weshalb das Dorf jedes Jahr im August das *Festival Tres Culturas* veranstaltet, um dem christlichen, islamischen und jüdischen Erbe zu gedenken. Vier Tage lang wird getanzt, musiziert und mit rund 20.000 Besuchern gefeiert. Die alte historische Zuckerfabrik *El Ingenio de Frigiliana* ist ebenfalls ein wichtiger Teil der Ortsgeschichte und lässt sich bei einem Glas Moscatel-Wein von der *Plaza del Ingenio* wunderbar bestaunen.

ARTESANIA
DE
FRIGILIANA
MIEL DE CAÑA
PRECIO DE
FABRICA

5

32
EL COLMAO

Locura

95

NERJA

Das ehemalige Fischerdorf arabischen Ursprungs, damals Narxia genannt, besticht durch seine historische Architektur und seinen bezaubernden Charme. Der ca. 70 Kilometer von Málaga entfernte Ort bietet alles, was man sich als Naturliebhaber, Wanderer, Kulturbegeisterter oder Sonnenhungriger wünscht. Urlaub am Meer und in den Bergen ohne zuviel Trubel. Die Altstadt zählt mit ihren engen Gassen und weißen Fassaden zu den schönsten der Costa del Sol. Der *Balcón de Europa* ist eine der besten Aussichtsplattformen Andalusiens. 60 Meter über dem Meeresspiegel liegt Ihnen das Mittelmeer zu Füßen. Hier genießen Sie einen atemberaubenden Blick auf den Ort Nerja, die umliegenden Strände, die Bergkette der *Sierra Almijara* und die Steilküsten. Die zahlreichen Stränden rund um Nerja, bieten mit ihren *Chiringuitos* und Restaurants für jeden Sonnenhungrigen das Richtige. *Playa Burriana, Playa Torrecilla, Playa de la Calahonda*; oder die versteckten Buchten weiter östlich in Richtung Maro und Cerro Gordo - hier finden Sie Ihren Lieblingsstrand! Kurz vor dem kleinen Ort Maro entdecken Sie auch das Aquädukt des Adlers - ein architektonisch interessantes Bauwerk. Doch das Highlight Nerjas sind ohne Zweifel die Tropfsteinhöhlen *Cuevas de Nerja*. 1959 wurden sie rein zufällig entdeckt und begeistern mit den beeindruckenden Stalaktiten und Stalagmiten jährlich viele Besucher. Im Sommer finden hier außerdem internationale Tanz- und Musikfestivals in spektakulärer Kulisse statt.

BAR
EL BURRO BLANCO

AÑO
1993

REZEPTE

Deutsch

Spanisch

108, rue de l' Alzette
L- 4010 Esch-sur-Alzette
Luxembourg
editions@schortgen.lu
www.editions-schortgen.lu

Layout und Satz: Schortgen*grafic*
Druck: Schortgen*bookprint*
Texte und Rezepte: Lola Ludwig
Fotos: Creative ML
Fotos Fotolia: Seiten 85, 86, 87, 117, 127, 135
Spanisches und deutsches Lektorat: Judith Maga

ISBN: 978-99959-36-77-8